Mocombe's Kreyol Reading Room Òtograf Lang Kreyòl Ayisyen

Mocombe's Kreyòl Reading Room Òtograf Lang Kreyòl Ayisyen

Paul C. Mocombe

&

Tiara S. Mocombe

The Mocombeian Foundation, Inc.

pmocombe@mocombeian.com

Illustrator: Fot Wobo

To order additional copies of this book, contact:
Xlibris
844-714-8691
www.Xlibris.com
Orders@Xlibris.com

ISBN: Softcover   978-1-6698-1840-3
        EBook   978-1-6698-1841-0

Library of Congress Control Number: 2022906352

Print information available on the last page

Rev. date: 04/01/2022

AKADEMI KREYÒL AYISYEN (AKA)

Nan 2017, Akademi Kreyòl Ayisyen (AKA) antreprann etid ak analiz sistèm òtograf 1979-1980 k ap aplike nan peyi a. Apre divès konsiltasyon ak diskisyon, Akademi an nan tèt kole ak Ministè Edikasyon Nasyonal ak Fòmasyon Pwofesyonèl ak kolaborasyon Fakilte Lengwistik Aplike pran nouvo dispozisyon sa yo ki nan liv sa.

Dispozisyon #1: Alfabè kreyòl la

Akademi an rekondui alfabè 1979 la ki rekonèt lang kreyòl ayisyen an genyen trannde (32) son (syans lengwistik rele son yo « fonèm »). Alfabè a reprezante son sa yo avèk 32 senbòl kote chak senbòl reprezante yon fonèm (syans lengwistik rele senbòl sa yo « grafèm »). Pami 32 grafèm sa yo, genyen ki fèt ak yon (1) grenn lèt oubyen yon (1) graf, genyen ki fèt ak de (2) lèt (lengwis yo rele grafèm sa yo « digraf ») epi gen youn ki fèt ak twa (3) lèt (lengwis yo rele li « trigraf »).

Men grafèm ki reprezante son yo:

a, an, b, ch, d, e, è, en, f, g, h, i, j, k, l, m, n, ng, o, ò, on, ou, oun, p, r, s, t, ui, v, w, y, z

Trannde (32) grafèm yo divize an 3 kategori: vwayèl, konsòn, demi vwayèl

1.1. Kategori vwayèl:

1.1.1. Vwayèl oral (son sa yo sòti nan bouch sèlman)

a: ale, naje, matla

e: elèv, plezi, melanje

è: èd, malèt, oslè

i: imite, limit, peyi

o: ochan, solèy, rido

ò: ògàn, pòt, gadò

ou: ouvriye, goud, kalalou

ui: (Vwayèl espesyal) uit, kuit, pwodui

1.1.2. Vwayèl nazal (son sa yo pase nan bouch ak nan nen)

an: anvayi, manje, ban

en: enfimyè, pentad, lapen

on: onz, ponp, pan talon

oun: oungan, mazounbèl, kanndjanhoun

1.2. Kategori konsòn:

1.2.1. Konsòn oral:

b: bak, anbake, kapab

ch: chat, rache, wòch

d: dodin, radote, pèd

f: femen, lafanmi, chèf

g: gato, ragou, bag

h: hap, hihan, enhen

j: jako, aji, garaj

k: kaye, rekòlte, kòk

l: limyè, aliyen, pil

p: pale, rapòte, tap

r: rakonte, arete, sèr (nan Nò)

s: sak, resi, rès

t: tas, retay, dèt

v: valiz, revolte, rèv

z: zanmi, razwa, wòz

1.2.2. Konsòn nazal:

m: matla, remèd, lam

n: nap, analiz, pàn

ng: ling, touhing, hinghang

1.3. Kategori demi vwayèl/demi konsòn:

w: wa, wowoli, kaw

y: yanm, ayewopò, kay

Dispozisyon #2: Fòm long ak fòm kout

i) Gen mo nan lang nan ki gen 2 fòm, yo ka parèt swa sou yon fòm long, swa sou yon fòm kout.

Egzanp:

Nan pwonon ak detèminan:

(1) (Mwen ak M) : mwen vini / m vini.

(2) (Ou ak W): ou annik monte eskalye al w annik monte eskalye a.

(3) (Li ak L}: li antre / l antre.

(4) (Nou ak N): nou ap travay / N ap travay.

(5) (Yo ak Y) : yo ap travay di / y ap travay di.

(6) (Ki ak K]: moun ki ap pale a / moun k ap pale.

Nan kèk veb:

(7) (Konnen ak Konn): li konnen leson an / li konn leson an.

(8) (Vini ak Vin): li vini ak tout founiti / li vin ak tout founiti.

(9) (Ale aka/): (li ale jakmèl / li al jakmèl)

(10) Gen lòt vèb ankò tankou: genyen, gade, soti, eksetera.

ii) Mo « w » (fòm kout) toujou mande pou li gen yon vwayèl nan vwazinaj li (swa devan, swa dèyè), kit se nan kòmansman yon bout fraz, kit se nan mitan 2 mo. Depi kondisyon sa yo pa reyini, se fòm long nan « ou » ki sèvi.

Egzanp:

(11) Chemiz ou pran an.

(12) Ou manje manje a.

(13) Pi tit ou fè dèt sou tèt ou.

iii) Gen kote « w » pa kapab ranplase « ou » paske yo pa remèt menm sans, yo p ap jwe menm fonksyon.

Egzanp:

(14) Se pa w (ki vle di: se pou ou).

(15) Se pa ou (ki vle di: se pa ou menm).

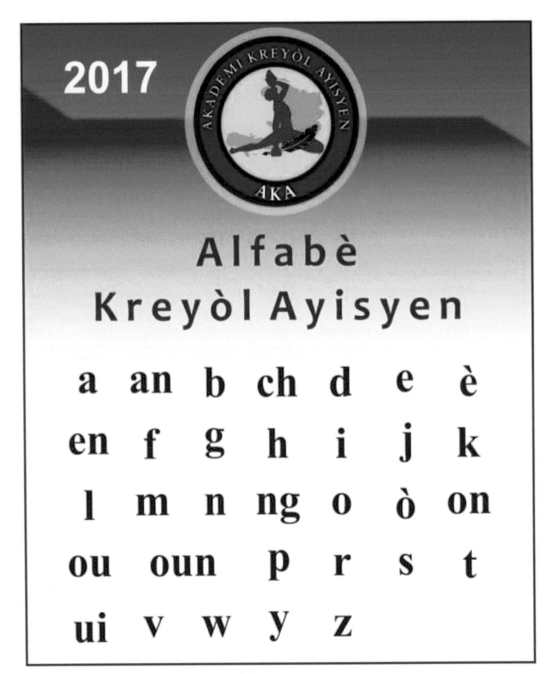

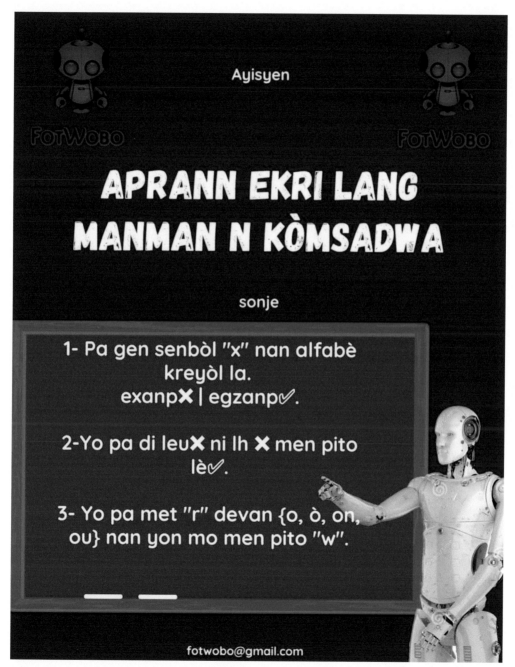

4 PRENSIP
ÒTOGRAF KREYÒL AYISYEN AN

1. CHAK LÈT RETE NAN WÒL YO.

2. CHAK SON EKRI MENM JAN.

CREOLE SOLUTIONS

3. NANPWEN LÈT KI BÈBÈ.

4. CHAK LÈT GEN YON SÈL SON.

Òtograf Lang Kreyòl Ayisyen

VWAYÈL ORAL YO

KREYÒL SE KINAN M

1/5

a ale	**e** elèv	**è** èpòt
i imaj	**o** oslè	**ò** ògèy
ou ou vè	**ui** uit	FOTWOBO

fotwobo@gmail.com

Òtograf Lang Kreyòl Ayisyen

VWAYÈL NAZAL YO

KREYÒL SE KINAN M
2 / 5

an anwe	**en** engra
on onz	**oun** ounsi

fotwobo@gmail.com

Òtograf Lang Kreyòl Ayisyen

KONSÒN ORAL YO

KREYÒL SE KINAN M
3 / 5

b bal	**ch** chat	**d** dra	**f** fab
g gade	**h** hanch	**j** jou	**k** kay
l liv	**p** paj	**r** raje	**s** sèl
t twòp	**v** vire	**z** zen	FotWobo

fotwobo@gmail.com

Òtograf Lang Kreyòl Ayisyen

KONSÒN NAZAL YO

KREYÒL SE KINAN M

4 / 5

m

mas

n

nen

ng

zing

fotwobo@gmail.com

DEMI VWAYÈL/DEMI KONSÒN

KREYÒL SE KINAN M
5/5

y
yoyo

w
wi

fotwobo@gmail.com

KREYÒL SE KINAN M

Alomòfi detèminan defini yo 《 "a","an", "la","lan", "nan" 》

1/2

Detèminan defini yo toujou plase apre non an. Si tout fwa non an ta gen yon konpleman, detèminan an ap plase apre konpleman non an.

a

Nou itilize detèminan "a" depi mo a fini pa yon vwayèl oral.

egzanp : lari a, manje a, machin Pyè a ...

 ## an

Nou itilize detèminan "an" depi mo a fini pa yon vwazèl nazal.

egzanp : gan an, pen an, moto mwen an ...

fotwobo@gmail.com

KREYÒL SE KINAN M

Alomòfi detèminan defini yo « "a", "an", "la", "lan", "nan" »

2/2

lan

Nou itilize detèminan "lan" lè nou jwenn yon konsòn oral nan fen mo a epi si l gen yon vwayèl nazal ki vin avan l.

egzanp : pant lan, lanp lan ...

la

Nou itilize detèminan "la" lè nou jwenn yon konsòn oral nan fen mo a epi si se pa yon vwayèl nazal ki vin avan l

egzanp : liv Maks la, pitit la.

nan

Nou itilize detèminan "nan" lè nou jwenn yon konsòn nazal nan fen mo a.

egzanp : manje m nan, kann nan ...

fotwobo@gmail.com

Dispozisyon #3: Apostwòf - tirè

3.1. Apostwòf:

Li pa nesesè pou nou sèvi ni ak apostwòf ni ak tirè pou nou kole yon mo ak yon lòt mo.

Lè mo tankou « mwen, ou, li, nou, yo » parèt sou fòm kout (m, w, I, n, y), nou pa dwe kole yo ni ak mo ki vini anvan yo a, ni ak mo ki vini apre yo a. Annik kite yon espas pou nou separe yo ak lòt mo.

Egzanp:

(16) M ap vini.

(17) N ap dòmi.

(18) Yap pran l.

(19) Se rad pa m

(20) Al pran liv pa w.

(21) Anita frape pye l.

(22) Bra n pran nan moulen.

N.B. Se menm konsiderasyon an pou tout fòm kout ki nan sitiyasyon sa a.

3.2. Tirè:

Nou kapab sèvi ak tirè pou nou separe yon mo nan finisman yon liy, epi lè nap separe pawòl diferan pèsonaj nan yon dyalòg. Nou kapab itilize li pou nou make yon dire, yon entèval oubyen pou nou òdone yon lis.

Egzanp:

(23) 9è - 10è;

(24) 2010 -2015;

(25) paj 22 - 26.

(26) 1-a, 1-an, 1-b, eksetera

Dispozisyon #4: Òtograf non moun

Non moun yo fèt pou yo ekri yo jan yo ye nan dokiman legal ak dokiman administratif yo. Pou fasilite pwononsyasyon non yo, yap ekri yo ant parantèz, nan òtograf kreyòl la.

Egzanp:

(27) Paul Magloire (Pòl Maglwa) se yon ansyen prezidan Ayiti.

Dispozisyon #5: Non pwòp vil yo ak non ri yo

Yo dwe ekri non vil ayisyen yo nan 2 lang ofisyèl peyi a (kreyòl ak franse), annatandan yon amenajman lengwistik. Si non vil, non lokalite ak non ri yo poko egziste an kreyòl, n ap ekri yo nan òtograf orijinal yo epi nou mete òtograf kreyòl la ant parantèz.

Egzanp:

(28) Avni john Brown (Djonn Brawonn)

Dispozisyon #6: Jan pou nou itilize grafèm "r" oubyen "w"

6.1. Devan vwayèl won

Devan vwayèl won (o, ò, on, ou) nan yon mo, se « w » pou nou itilize, « r » pa parèt.

Egzanp:

(29) Wobè, wobo, wòch, wòwòt, pewon, wont, wout.

6.2. "r" ak "w"

"r" ak "w" pa janm mache kole nan yon mo.

KREYÒL SE KINAN M

An n aprann kreyòl

SOLÈY LA

1- Nwayo, kè, nannan

2- Zòn radyasyon

3- Zòn konveksyon

4- Fotosfè

5- Kwomosfè

6- Kouwòn solè

7- Pwotiberans

8- Tach solè

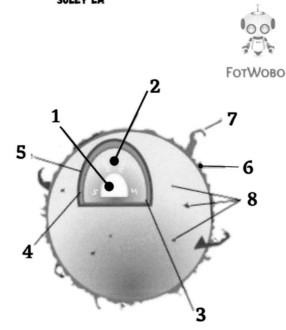

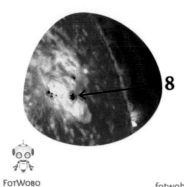

FotWobo

fotwobo@gmail.com

FotWobo

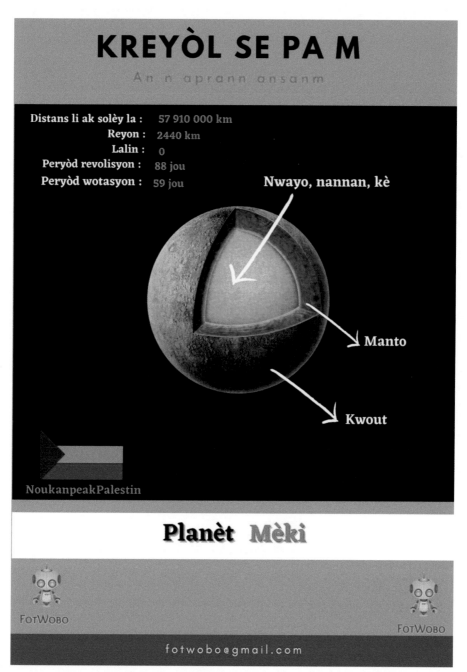

KREYÒL SE PA M
An n aprann ansanm

Distans li ak solèy la :	57 910 000 km
Reyon :	2440 km
Lalin :	0
Peryòd revolisyon :	88 jou
Peryòd wotasyon :	59 jou

Nwayo, nannan, kè

Manto

Kwout

NoukanpeakPalestin

Planèt Mèki

FotWobo

FotWobo

fotwobo@gmail.com

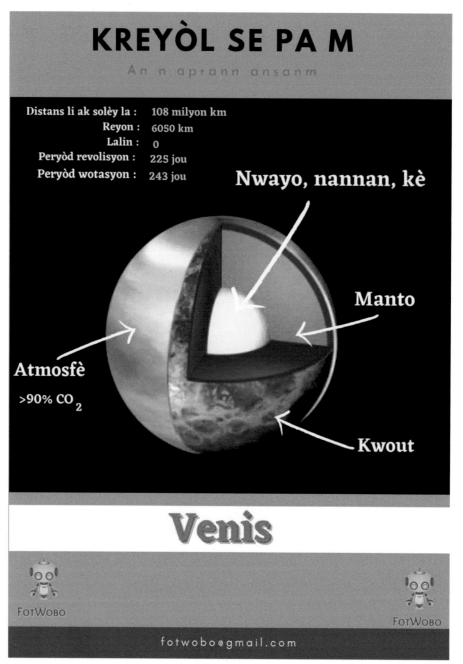

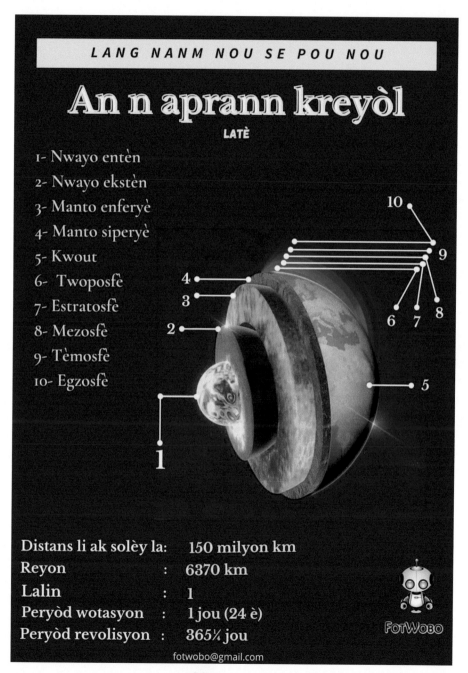

LANG NANM NOU SE POU NOU

An n aprann kreyòl

LATÈ

1- Nwayo entèn

2- Nwayo ekstèn

3- Manto enferyè

4- Manto siperyè

5- Kwout

6- Twoposfè

7- Estratosfè

8- Mezosfè

9- Tèmosfè

10- Egzosfè

Distans li ak solèy la:		150 milyon km
Reyon	:	6370 km
Lalin	:	1
Peryòd wotasyon	:	1 jou (24 è)
Peryòd revolisyon	:	365¼ jou

fotwobo@gmail.com

FotWobo

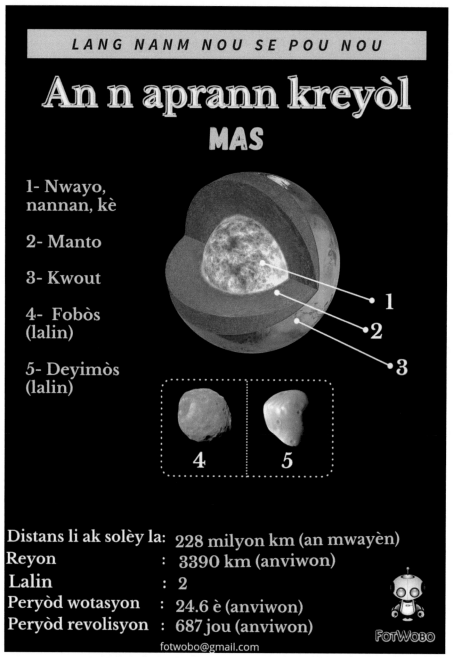

LANG NANM NOU SE POU NOU

An n aprann kreyòl
JIPITÈ

1- Nwayo ??? (posib)

2- Idwojèn metalik

3- Idwojèn likid

4- Idwojèn gaz

5- Nyaj

6- Gwo mak wouj

6 1 2 3 4 5

Distans li ak solèy la: 778 milyon km (an mwayèn)
Reyon   : 71500 km (anviwon)
Lalin   : 79
Peryòd wotasyon   : 10 è (anviwon)
Peryòd revolisyon : 10 an (anviwon

fotwobo@gmail.com

FoTWoBO

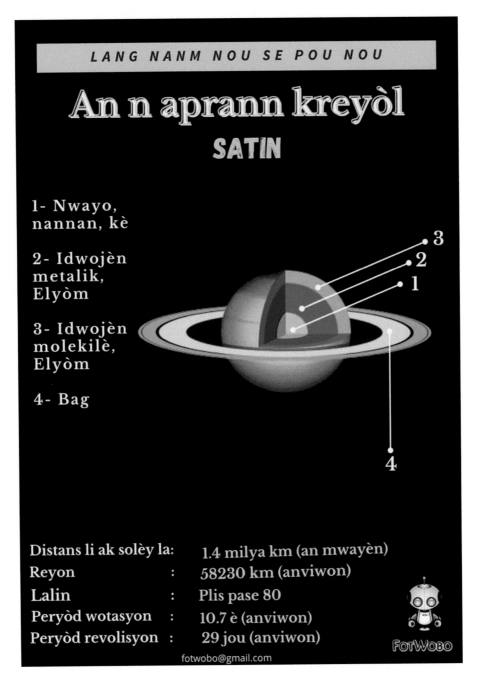

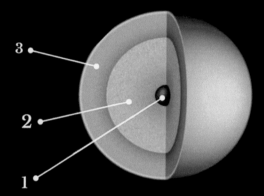

🌐 fotwobo.com

LANG NANM NOU SE POU NOU

An n aprann kreyòl

IRANIS

1- Nwayo
(Silikat, Fè ak
Nikèl)

2- Manto glas
(Dlo,
Amonyak ak
Metàn)

3- Atmosfè
(Idwojèn ak
Elyòm

3

2

1

Distans li ak solèy la:		2.9 milya km (an mwayèn)
Reyon	:	25362 km (anviwon)
Lalin	:	27
Peryòd wotasyon	:	17 è (anviwon)
Peryòd revolisyon	:	84 lane (anviwon)

FOTWOBO

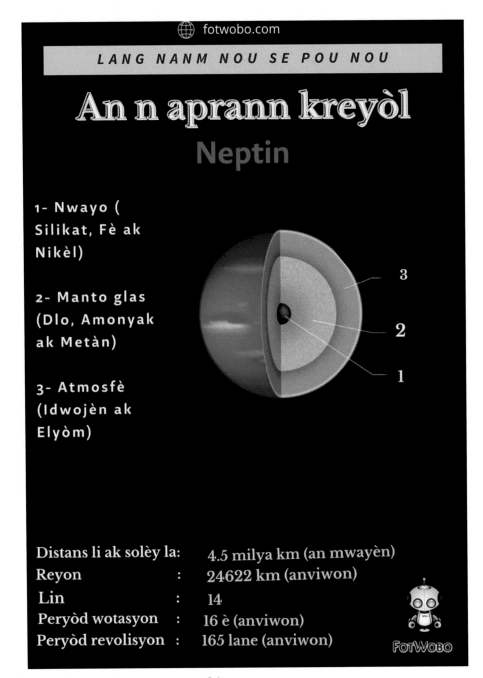

Dispozisyon #7: Aksan

7.1. Aksan grav:

Sistèm òtograf kreyòl ayisyen an sèvi ak yon sèl aksan, aksan grav. Yo konn rele li aksan fòs. Aksan grav la gen 2 fonksyon:

i) Li sèvi pou li fè diferans ant 2 grafèm : e ak è ; o ak ò

Egzanp:

(30) « e » epi « è »: ou pe bouch ou, ou pè pale;

(31) « o » epi « ò »: Wozita achte yon lo mango, Ànya achte yon chenn lò

ii) Li anpeche yo konfonn grafèm "a" devan " n" ak grafèm "an". Sa vle di li anpeche nou pwononse "an" [ã] nan plas "a-n" [an] ki reprezante 2 grafèm.

Egzanp:

(32) « an » epi « àn »: Pan mi an tonbe, oto a an pàn;

7.2. Aksan sou majiskil

Toujou mete aksan sou lèt majiskil, lè son an mande l.

Egzanp:

      (33) Àn Katrin, KREYÒL,

AN N APRANN LANG MANMAN N

FotWobo

1 AKSAN FÒS YO ENPÒTAN

M pe (m fè silans). | M pè (mwen enkyete).

2 ESPAS YO ENPÒTAN

Yo pran san n (san nou). | Yo pran sann (poud gri ki rete lè yon bagay fin boule).

 KREYÒL SE PA M, M AP EKRI L KÒMSADWA

FotWobo

fotwobo@gmail.com

FotWobo

Dispozisyon #8: Senbol entènasyonal

Lang kreyòl la itilize tout senbòl entènasyonal ansanm ak tout lèt ki sòti nan lòt sistèm alfabetik ki sèvi nan domèn syantifik.

Egzanp:

δ (dèlta), λ (lanmda), C, Q, U, X, eks.

Dispozisyon #9: Non diferan siy ponktyasyon

.	=>	pwen
:	=>	2 pwen
,	=>	vigil
;	=>	pwen vigil
?	=>	pwen entewogasyon
!	=>	pwen esklamasyon
«»	=>	gime
()	=>	parantez
…	=>	pwen sispansyon

Òtograf Lang Kreyòl Ayisyen

1 en **2 de** **3 twa**

4 kat **5 senk** **6 sis**

7 sèt **8 uit** **9 nèf**

10 dis

fotwobo@gmail.com

 Midi **Noon**   **Minui** **Midnight**

Òtograf Lang Kreyòl Ayisyen

Dimanch
Lendi
Madi
Mèkredi
Jedi
Vandredi
Samdi

KREYÒL SE KINAN M

An n aprann kreyòl

KÒ MOUN (1)

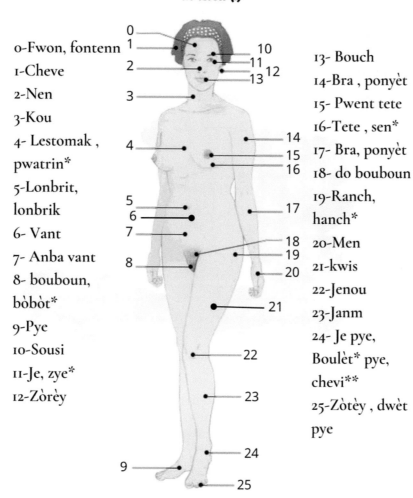

0-Fwon, fontenn

1-Cheve

2-Nen

3-Kou

4- Lestomak , pwatrin*

5-Lonbrit, lonbrik

6- Vant

7- Anba vant

8- bouboun, bòbòt*

9-Pye

10-Sousi

11-Je, zye*

12-Zòrèy

13- Bouch

14-Bra , ponyèt

15- Pwent tete

16-Tete , sen*

17- Bra, ponyèt

18- do bouboun

19-Ranch, hanch*

20-Men

21-kwis

22-Jenou

23-Janm

24- Je pye, Boulèt* pye, chevi**

25-Zòtèy , dwèt pye

fotwobo@gmail.com

KREYÒL SE KINAN M

An n aprann kreyòl

KÒ MOUN (2)

1- Zèpòl/epòl

2- Omoplat**

3- Rèl do

4- Do

5- Koud bra, koud ponyèt

6- Tay, senti, ren

7- Fant bouda , fant dèyè

8- bouda, dèyè

9- Molèt, kokoye*

10-Talon pye

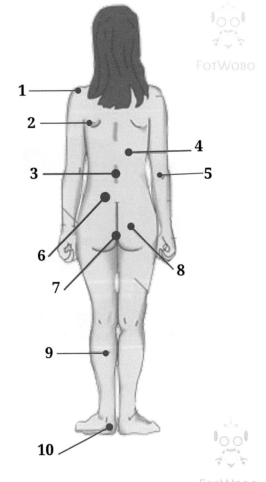

fotwobo@gmail.com

KREYÒL SE KINAN M

An n aprann kreyòl

DAN

1) Dan dèyè =
Dan pilon

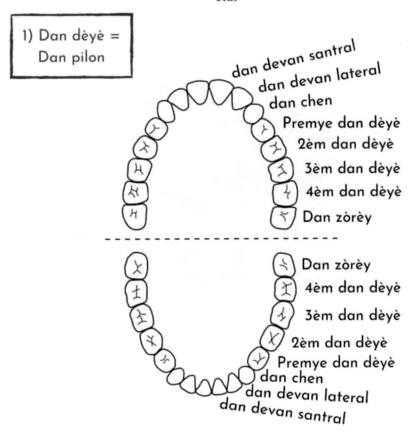

dan devan santral
dan devan lateral
dan chen
Premye dan dèyè
2èm dan dèyè
3èm dan dèyè
4èm dan dèyè
Dan zòrèy

Dan zòrèy
4èm dan dèyè
3èm dan dèyè
2èm dan dèyè
Premye dan dèyè
dan chen
dan devan lateral
dan devan santral

FotWobo

fotwobo@gmail.com

FotWobo

KREYÒL SE KINAN M

An n aprann ekri kreyòl

Fwi ak legim yo(1)

FOTWOBO

FOTWOBO

Berejèn

Militon

kawòt

Bètrav (Bètwouj)

Zonyon

Konkonm

Joumou (Jomou)

Kalalou (Gonbo)

Navè

fotwobo@gmail.com

KREYÒL SE KINAN M

An n aprann ekri kreyòl

FOTWOBO

Fwi ak legim yo(2)

FOTWOBO

Zaboka

Echalòt

Tomat

Piman (Piman pike)

Bwokoli

Epina (Zepina)

Pwavwon (Piman dous)

Papay vèt

fotwobo@gmail.com

KREYÒL SE KINAN M

An n aprann ekri kreyòl

Fwi ak legim yo (3)

FOTWOBO

FOTWOBO

Grenadya

Sitwon

Mandarin

Chadèk

Panplemous

Zoranj si

Zoranj konmen

Grenad

Zoranj dous

fotwobo@gmail.com

KREYÒL SE KINAN M

An n aprann ekri kreyòl

Fwi ak legim yo (4)

FOTWOBO

FOTWOBO

Djaka

Kokoye

Radi

Kreson

Chou

Pwa tann

Leti

Pwawo (Powo)

Labapen

fotwobo@gmail.com

KREYÒL SE KINAN M

An n aprann ekri kreyòl

FotWobo

Fwi ak legim yo (5)

FotWobo

Anana

Kachiman

Kowosòl

Abriko (Zabriko)

Melon

Pòm (Ponm)

Papay

Gwayav (Gouyav)

fotwobo@gmail.com

KREYÒL SE KINAN M

An n aprann ekri kreyòl

Viv yo

FOTWOBO

FOTWOBO

Yanm

Patat

Pòmdetè (Ponmtè)

Bannann

Mazonbèl (Mazounbèl)

Lam veritab

Malanga (Tayo)

Manyòk

fotwobo@gmail.com

Printed in the United States
by Baker & Taylor Publisher Services